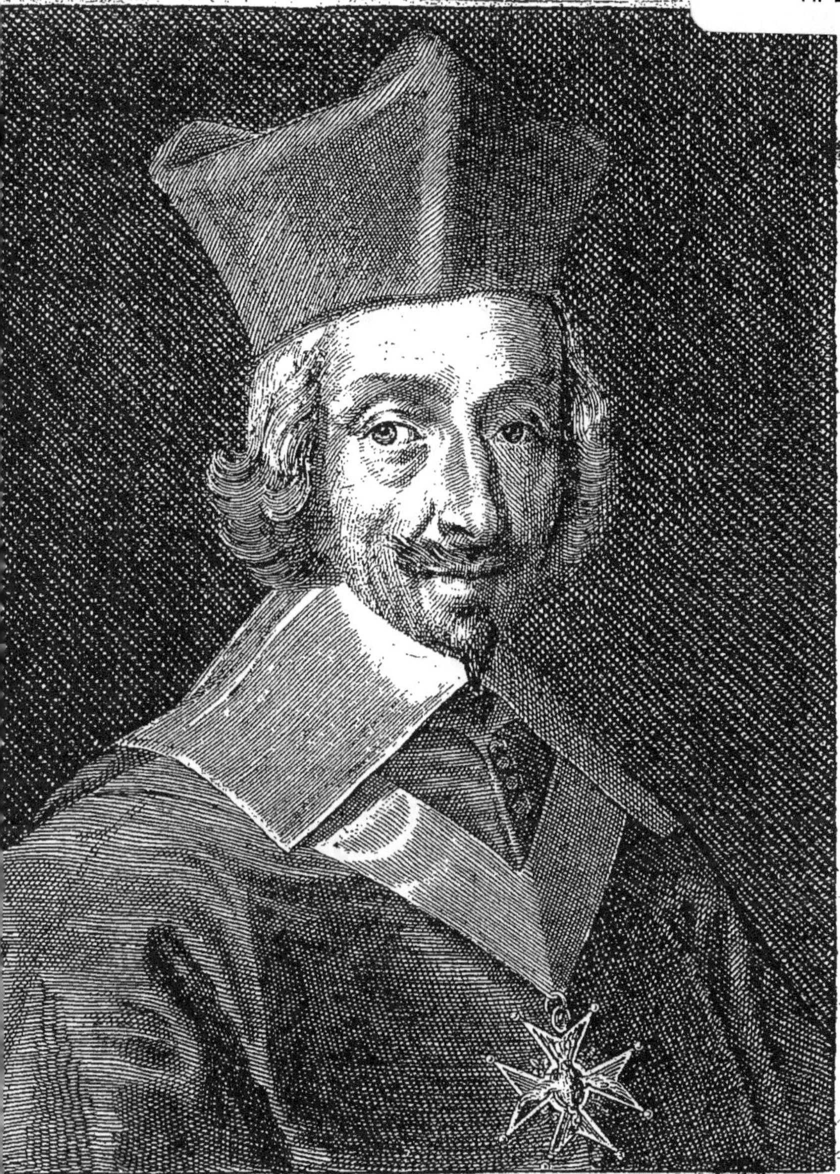

IOANNES ARMANDVS DV PLESSIS

Anagr.

En Solus Sapiens admirandus

Prisca suos habeant Sapientes sœcula: vincit
Gallia in vno omnes, Hoc Sapiente, sophos.

PANEGYRIQVE

A MONSEIGNEVR

LE CARDINAL DVC

DE RICHELIEV,

SVR LE SVIET

DV PHILOSOPHE

INDIFFERENT.

A PARIS

Chez AVGVSTIN COVRBE', Libraire & Imprimeur de Monſieur
frere du Roy, dans la petite Salle du Palais, à la Palme.

M. DC. XLI.

PANEGYRIQVE

A

MONSEIGNEVR

LE CARDINAL DVC

DE RICHELIEV,

SVR LE SVIET

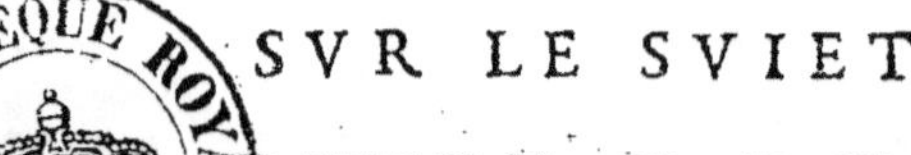

DV PHILOSOPHE

INDIFFERENT.

ONSEIGNEVR,

Il ne faut pas s'estonner si ce Philoso-
phe s'adresse à vous, & s'il s'estime heu-

reux de se rencontrer enfin à la source
de la lumiere, l'ayant cherchée si long
temps auecque si peu de fruit ; & à dire le vray n'en ayant trouué que quelques rayons espandus parmy les Se-
ctes, & quelques petites estincelles. Ce
n'est pas sans raison qu'il s'attache
maintenant à considerer les merueilles
de vostre vie : c'est pour son repos aussi
bien que pour son instruction & pour
sa gloire, ne voulant plus chercher en
plusieurs Sages separément, ce qu'il
trouue de parfait & de ramassé dans le
Sage de nostre Siecle. Aussi dez qu'il
vous a veû, MONSEIGNEVR, il
n'a plus gardé d'indifference que pour
attendre vos sentimens & les suiure :
Et tout glorieux d'estre vaincu, il iette
sa balance à vos pieds & vous sacrifie
cette illustre suspension de l'esprit, qu'il

a conseruée durant tant de Siecles. Il
n'y a que vous qui luy puissiez oster cette liberté, & il iure encor qu'il ne s'at-
tachera iamais à aucune Secte, s'il ne
sçait qu'elle vous est agreable. En vous
trouuant, MONSEIGNEVR, il
auouë que la verité ne l'a pas seulement
esclairé, mais esbloüy: Et pour ce qui regarde vos loüanges & vos vertus, il
confesse que c'est vn crime que de chan-
celer ou de douter. Mais il dit bien
plus, il ne se contente pas d'auoüer que
si la Sagesse s'est diuisée aux autres, elle s'est donnée toute entiere à vous: Il
passe bien outre pour vostre gloire, d'a-
bord mesme le zele l'emporte; Il confesse publiquement qu'elle auoit besoin de vous, & qu'elle ne pouuoit
choisir d'autre Genie pour faire ses
plus grands miracles: qu'elle n'a ia-

A ij

mais eu de plus digne Organe , ny de
plus glorieux Theatre ; & que voſtre
Perſonne & voſtre Authorité. luy e-
ſtoient également neceſſaires , pour paroiſtre auec tout ſon eſclat & toute ſa
pompe. Il auoüe enfin qu'il eſt impoſſi-
ble , en conſiderant les graces qu'elle
vous a faites , de ne pas remarquer en
meſme temps celles qu'elle a receuës de
vous , pour reprendre le luſtre qu'elle
auoit perdu , & pour eſclater beaucoup
mieux que dans Rome ny dans Athe-
ne. En effect , MONSEIGNEVR,
qui le peut accuſer de flatterie s'il vous
dit, mais bien plus veritablement qu'on
ne le diſt à vn Empereur Romain , que
vous auez rappellé la Sageſſe & la
Vertu , qui ſembloient bannies ; que
vous auez r'allumé l'amour des Lettres que le meſpris des Sciences auoit

Mamert. Iuliano.

eſteint;

esteint ; qu'enfin vous auez arraché
les haillons à la Philosophie, que vous
luy auez basty des Palais, & l'auez re-
mise sur son Trône. Et qu'on ne me die
point que la Vertu a tousiours esté esti-
mée : A vray dire, si elle auoit quelques Couronnes, elles n'estoient que de
lierre, i'entens sans vtilité & sans
fruit, & qui n'empeschoient pas qu'elle ne fust pauure au milieu de ses triomphes : Elle ne pouuoit pretendre qu'à
vne gloire miserable, & à vne renom-
mée necessiteuse. Mais vous auez ap-
porté du remede à tous ces mal-heurs,
& la Philosophie est riche de vos libe-
ralitez, comme elle est glorieuse de vostre approbation. La Vertu n'a plus
sujet de faire des plaintes ; & l'on peut
mieux dire en nostre temps qu'en celuy
de Theodose, que si elle demeure quel-

Sibi humilitatem
& tenebras impu-
tet jacens virtus,
quæ nōn obtulit
se probandā:quod
conscientiæ suæ
sufficit, honora-
tus est qui proba-
tus.
Pacat. Theod.

que fois sans recompence, c'est qu'elle
ne s'est pas monstrée, c'est qu'elle affecte
ses tenebres. Qu'elle s'en prenne à elle
mesme, si elle demeure dans la pouße-
re, puisque le merite des gens de bien
n'est pas si tost connû, qu'il est honoré de
vos loüanges, & enrichy de vos largef-
fes. Sans doute que tous les Siecles por-
teront enuie au vostre, de ce que les Sçauans & les Vertueux ont rencontré vn
si parfait Protecteur. Sans vostre fecours, MONSEIGNEVR, qu'estoit
deuenuë la Sageße? quelles estoient ses
occupations & ses efperances ? Certes
vous luy auez rendu le cœur ; & i'ofe
dire que sans vous, elle auoit oublié ses
auantages, & ne se fouuenoit plus que
c'est par elle que les Rois doiuent com-
mander, & que les Potentats du Monde doiuent diftribuer la Iuftice. Elle a

repris sa vigueur; elle voit bien maintenant qu'elle n'est pas seulement propre à décrire les Republiques, mais à
les gouuerner; & qu'elle n'est pas seulement capable de crier & de disputer
dans les Colleges, mais d'ordonner sou-
uerainement dans la Cour des Princes.
Elle reconnoist bien par vostre moyen,
qu'on luy fait tort de la separer de la
puissance, & que le plus grand bon-
heur des Monarques, est d'auoir des
Sages & des Philosophes pour Amis &
pour Ministres, parce qu'ils sont moins
interessez, plus genereux, plus constans,
& moins corruptibles : parce qu'ils ne
se proposent que le bien public, & qu'ils
n'ont que des intentions pures & rai-
sonnables. En sorte, MONSEI-
GNEVR, qu'à bien considerer les
graces que vous auez faites à la Science

& à la Sageſſe , on ne peut diſcerner ſi vous triomphez par ſa faueur , ou ſi elle triomphe par la voſtre , ſi ce n'eſt qu'il faille auoüer ces deux merueilles enſemble. Vous luy rendez ce qu'elle vous a donné , & ſi vous eſtes ſon Ouurage , ſans doute qu'elle eſt le voſtre. Sans doute que nous reconnoiſſons maintenant la verité de ſes Oracles, dans cette grandeur mutuelle qu'elle reçoit de vous & qu'elle vous donne , puis qu'elle promet vne conſeruation eternelle à ceux qui l'ayment , & vn comble de gloire à ceux qui trauaillent pour la ſienne. Auſſi ie diray hardiment qu'il n'y aura iamais de Sçauans s'ils ne ſont entierement ingrats , qui ne doiuent comme ce Philoſophe , vous offrir leurs trauaux , & vous rendre graces de vos bien-faits ; eſtant comme vous eſtes , &

l'exemple

Dilige eam &
conſeruabit te,
exalta illam &
exaltabit te : &
dabit capiti tuo
augmenta gra-
tiarum , & coro-
na inclita prote
get te. *Prou.* 4.

l'Exemple, & le Protecteur, & toute la gloire des Sages & des Philosophes.

Que VOSTRE EMINENCE ne
trouue point estrange si ie vous donne
cette qualité, pour faire l'abregé des
merueilles de vostre vie : Il me semble
que toute autre loüange est au dessous,
puis qu'il n'y a rien entre les hommes
au dessus de la Philosophie, & que le
monde n'a rien de plus precieux que la
Sagesse. Quand ie dirois que vous estes
vn grand Conquerant, vn Genie incomparable ; que vous estes Eloquent,
Bien-faisant, & Magnanime : ie ne
ferois que diuiser vostre gloire par rayons, au lieu d'en ramasser tout l'esclat
ensemble sous ce glorieux nom de Sage.
Et de vray cet Eloge est si heroïque, &
a semblé si beau à vn des plus illustres

Personnages de l'Antiquité, que voulant faire le Panegyrique d'Alexandre, il estime qu'il n'est point necessaire de dire qu'il s'est comporté en Prince inuincible, ou en grand Monarque, mais que c'est assez pour exprimer toute la gloire de ses conquestes, de dire seulement qu'il s'est comporté en Philosophe. Plutarque affecte si fort de luy donner cette qualité, qu'il veut en comparaison de luy que Pythagore, Socrate, & Platon, ne soient que de faux Philosophes. Parce que leur Philosophie n'estoit qu'vne Philosophie speculatiue, qui demeuroit toute en idée; leurs Republiques n'estoient que des Republiques imaginaires : cependant que ce sage Conquerant alloit planter la Morale par tout le monde, parmy les Nations les plus barbares, ciuili-

sant les Rois mesmes, & faisant comme
vne Academie de tout l'Vniuers. Iuf-
ques à dire que ce fut le Reconciliateur
de la Terre, & qu'il n'eut iamais qu'vn
deſſein de Philoſophe dans ſes conqueſtes, n'd'ôptant le Monde que pour l'in-
ſtruire ; le voulant ſoumettre à la raiſon pluſtoſt qu'à la puiſſance, afin de
rendre la paix vniuerſelle, & la ſocie-
té parfaite entre les hommes. Et ne
ſont-ce pas les meſmes paroles que nous
deuons employer pour exprimer vos
loüanges ? Que faut-il faire autre cho-
ſe, que de changer ſeulement le nom d'A-
lexandre le Grand, en celuy du grand
ARMAND DE RICHELIEV?
Et n'auons nous pas des raiſons auſſi
puiſſantes, de vous nommer le vray
Modelle, & le parfait Exemplaire des
Philoſophes ? Vous ne vous contentez

pas non plus que ce grand Monarque,
d'vne Sageſſe languiſſante qui medite,
mais qui n'agit point : Vous auez ioint
l'Action & la Speculation enſemble,
donnant des mains à celle-cy, & des
yeux à l'autre ; L'Action à vray dire
ayant eſté ſi long temps aueugle, & la
Speculation paralitique. Ou pour
mieux dire, vous auez reconcilié la Sageſſe & la Puiſſance qui ſembloient au-
parauant ennemies, monſtrant en voſtre Perſonne que l'vne a beſoin de l'autre pour ſe maintenir. Comme luy, vous
faites la guerre à l'oiſiueté & à la mol-
leſſe, & l'on peut dire que la volupté
n'oſeroit paroiſtre deuant vous, ſi elle
ne s'eſt déguiſée, comme l'on dit que
Venus quitta les miroirs & les par-
fums, pour prendre la Lance & l'Eſcu,
quand elle ſe voulut monſtrer à Lycur-
gue,

que. Aussi comme luy, M O N S E I-
G N E V R, on vous regarde plus par
l'esclat de voftre Sageffe, que par celuy
de voftre Fortune ; voftre exemple agit
fur nous plus fouuerainement que voftre puiffance. Parce qu'en effect, vous
n'auez point d'autre deffein dans toutes vos belles actions que celuy d'vn
Philofophe, c'eft à dire de faire regner
la Iuftice, d'eftablir la Verité ; & de
faire en forte, que toute la Terre habi-
table foit inftruite d'vne mefme Morale & d'vne mefme Religion, comme elle
eft efclairée d'vn mefme Soleil & d'vne
mefme lumiere.

Mais vous auez bien fait vne autre
guerre au Menfonge. Ie veux qu'il en-
feignaft aux Barbares les facrifices &
les Myfteres qu'ils ignoroient : apres
tout, ils ne faifoient en cela que chan-

ger d'erreur : & preferant les Dieux
de la Grece à ceux des Nations estran-
geres , il ne faisoit que preferer sa
superstition à celle des autres. Mais
vous auez bien combattu plus puis-
samment l'erreur & la fausseté , vous
auez bien trauaillé plus vtilement
pour la Verité, & mesme pour la Verité Chrestienne: vous auez bien mieux
reüssi pour le vray culte en l'Europe,
qu'Alexandre en Asie pour les faux
Dieux. Vous auez dompté l'Heresie:
Vous auez employé contr'elle la vraye
conference, & n'auez pas fait comme
ceux qui ne sembloient luy faire la
guerre , que pour luy apprendre à
vaincre ou à se deffendre. Disons-le
hardiment , vous auez blessé ce Monstre au cœur, mais d'vne playe si mortelle , que s'il palpite encor, & qu'il y

ait à l'auenir quelques reſtes & quelque apparence de vie, c'eſt ſeulement
comme en vn cors qui agoniſe, où l'on
voit quelques eſprits errans & vaga-
bons dans les veines. Ce ſont les derniers
abois de l'Hereſie mourante. Mais voicy la cauſe de voſtre victoire. C'eſt que
comme Sage vous ſçauiez ſes forces, &
ce qui la faiſoit ſubſiſter ſi long temps:
vous ſçauez qu'elle a plus de cors que
d'eſprit; que ce n'eſt qu'vne fumée épaiſ-
ſe qui s'éleue du fond de l'abyſme, &
que ce n'eſt enfin qu'vne production de
la Terre. Auſſi c'eſt de ce centre que vous
auez arraché le menſonge côme l'Entée
des Poëtes, voyant bien que c'eſt par cét
Element qu'il reprenoit ſa vigueur &
ſon haleine. Comme vn autre Apollon,
tout couuert de clartez & de lumiere,
vous auez remporté la victoire ſur cét

épouuätable Python, qui vouloit eſtein-
dre le iour : vous auez triomphé de ce
Monſtre formé de boüe, qui taſchoit
d'enſeuelir tout le Monde dans des tenebres vniuerſelles. C'eſt ainſi qu'on ap-
prendra de voſtre Hiſtoire, cõme il n'ap-
partient qu'à la Sageſſe d'affermir les
Sceptres & les Royaumes, qui ne ſont
qu'vne partie de l'Vniuers : puiſque c'eſt
Elle qui meſme affermit toute la Terre, & que c'eſt la Prudence qui regle
les mouuemens des Cieux, & l'influen-
ce des Aſtres. C'eſt ainſi que vous auez
enfin reduit à l'obeïſſance, cette Baby-
lone de l'Europe, cét Aſyle des factieux,
des libertins, & des rebelles : Cette mere d'abomination, cette meurtriere des
Saints, qui s'enyuroit du ſang des
Martyrs, qui tenoit la coupe de pro-
ſtitution en main, & la preſentoit à

tous

tous les Princes du Monde ; qui empoisonnoit toutes les Nations par le venin de sa doctrine ; qui brauoit les Rois mesmes, vsurpant effrontément le pouuoir & la qualité de Reine. Enfin apres auoir entassé ses crimes l'vn sur l'autre pour s'esleuer iusques au Ciel, & attaquer Dieu mesme dans son Trône : estant toute pleine de noms de blaspheme, la foudre est tombée sur elle, la Misericorde l'a abandonnée à la Iustice. Quelle victoire a causé iamais plus de ioye, & plus de tristesse tout ensemble? Plus de ioye au Ciel, contre qui elle blasphemoit : aux Saincts, dont elle auoit versé le sang : aux Apostres, de qui elle desguisoit la doctrine : aux Prophetes & aux Predicateurs, dont elle mesprisoit les aduertissemens & les

Sedeo Regina & luctum non videbo.

Exultate super eam cœlum, & Sancti Apostoli, & Prophetæ, quoniam iudicauit iudicium vestrum in die illa.

E

menaſſes : aux Anges, qui auoient ſi
long temps trauaillé en vain à guerir
cette incurable. Mais quel triomphe
a iamais plus attriſté les ennemis de
la Verité & de la Vertu ? Non, non,
MONSEIGNEVR , qu'on liſe
toutes les Hiſtoires , il n'y a iamais
rien eu de pareil dans tous les Siecles:
les autres ont eſtably leur gloire en eſle-
uant des Statuës ou des Coloſſes, mais
vous eſtabliſſez la voſtre dans les ruines de cette Rebelle : chaque pierre de
ce deſbris vous ſeruira de Coloſſe , de
Statüe, & de Monument eternel. C'eſt
vne gloire au deſſus de toutes les autres , de n'auoir pas ſeulement reſioüy
le Ciel, les Sainĉts , les Apoſtres, les
Prophetes, les Anges, & Dieu meſme,
en triomphant de cette ville opinia-
ſtre ; mais encor d'auoir ietté vne tri-

steſſe mortelle, & vn dueil inconſolable
dans l'eſprit des Princes qui eſtoient
de ſa faction : dans l'ame de ces
negotiateurs corrompus, qui s'enri-
chiſſoient auec elle du commerce d'ini-
quité, & qui pleureront à iamais ſa
funeſte deſolation & ſes tragiques ruines. Mais non, MONSEIGNEVR,
ces impies & ces libertins, que la chû-
te de cette Rebelle a eſtonnez, change-
ront bien toſt leurs blaſphemes en be-
nedictions : il faut laiſſer plaindre ces
frenetiques pour quelque temps, ils re-
connoiſtront enfin que vous ne leur auez
non plus fait de tort, leur appliquant
le fer & le feu, qu'à des malades qu'on
guerit contre leur gré. Ils eſprouueront
que l'obeyſſance eſt plus heureuſe que
la rebellion: & ſeront bien-aiſe que vous
leur ayez donné le moyen de deuenir

et flebunt & plan-
gent supeream
Reges terræ, qui
cum illa fornicati
sunt : & negotia-
tores terræ fle-
bunt, quoniam
merces eorum ne-
mo emet amplius:
& qui in mari o-
perantur, qui ha-
bitant naues in
mari ; & diuites
facti sunt de pre-
tiis eius.

bons François & bons Catholiques
tout ensemble. Ils beniront à iamais
cette Chrestienne violence, & cette bien-
heureuse tempeste qui les a iettez au
port. Ils s'estimeront heureux de voir
que vous auez rendu l'Eglise triomphante aussi bien que la puissance
Royale, & que par vn tempera-
ment tout nouueau, vous auez seruy
ces deux Maistresses si souuent incompatibles, la Religion & la Politique;
que vous les auez toutes deux ren-
duës souueraines en France, faisant
que l'vne soit victorieuse des factieux,
& l'autre de l'erreur & du mensonge:
rendant à l'vne son Trône & son Sceptre, & à l'autre ses Autels ses Temples & ses Sacrifices. Ie ne doute
point que la posterité moins ingrate que
ce Siecle, examinant sainement dans
l'Histoire

l'Histoire ce que vous auez fait, & comparant le peu de pouuoir des autres Princes, à la puissance absoluë du nostre, ne commence à conter les Rois de France à LOVIS LE IVSTE, & ne le nomme le premier Souuerain de la Monarchie.

Mais comment auez vous affermy cette puissance? vous vous estes comporté en Sage & en Philosophe: vous auez fait pour rendre la Monarchie inebranlable, ce que les Sages font pour affermir leur Secte: vous auez trauaillé pour l'Estat, tout de mesme qu'ils trauaillent pour establir la Verité. Et comme dans les Sciences, pour bien appuyer vne opinion il faut ruiner celles qui luy sont contraires; aussi pour l'establissement des affaires, il faut oster toute la puissance aux Ennemis & aux Rebel-

les. C'eſt ce que vous auez fait parfaitement ſur les maximes de la vraye Sageſſe. C'eſt ainſi que vous auez eſté iuſques aux principes, d'où dependoient toutes les mauuaiſes conſequences. C'eſt ainſi que vous auez tary la ſource de nos mal-heurs, & ſappé les fondemens de tous les troubles de l'Eſtat. C'eſt ainſi que vous nous auez tirez de ces miſerables Siecles, où les Peuples eſtoient ſans repos, & le Prince ſans authorité: où perſonne n'approchoit des affaires publiques que pour y faire les ſiennes; & où à dire le vray, le bien public eſtoit miſerablement deſchiré & deſmembré par les Miniſtres intereſſez: l'oſeray-ie dire? où l'on voyoit le corps de l'Eſtat comme le corps d'vn poſſedé, où il ſemble qu'il y ait cinq ou ſix ames differentes, tant il y auoit de mouue-

mens desreglez, tant il y auoit d'agita-
tions violentes, tant de partis & de fa-
ctions contraires. Nous sommes par
vostre moyen dans vn Siecle plus heureux, depuis que vous auez entre les
mains le gouuernement de ce Royau-
me, & que vous donnez le mouue-
ment aux affaires comme l'Ame, le Genie, & l'intelligence de ce grand Corps.
Et de vray, à bien iuger de quelle façon
vous estes zelé pour le bié public, ne peut-
on pas dire que vous ne viuez plus que
dans le corps de l'Estat? Ne peut-on pas
dire, que vous faites pour la France
ce que les Amoureux passionnez font
pour leurs Maistresses, ayant comme
eux, s'il faut ainsi dire, transporté vostre Ame du sujet qu'elle anime dans
celuy qu'elle ayme? Ces soins eternels,
cette santé si souuent alterée, tesmoignét

aſſez que vous viuez ailleurs que dans
vous meſme. L'excés de voſtre Amour
paroiſt aſſez dans celuy de vos trauaux,
& de voſtre perſeuerance. France ,que
tu és heureuſe, d'auoir rencontré vn
Seruiteur ſi chaſte & ſi paſſionné tout
enſemble ! i'entens qui te ſert ſi fidele-
ment ,& ſans autre pretenſion que celle de plaire à ſon Prince : qui eſt ſi ja-
loux pour la gloire de ſon Maiſtre ; qui
a tant d'yeux pour te conſeruer toute
entiere , mais des yeux qui veillent
ſans ceſſe pour ta garde ; des yeux qui
obſeruent toutes tes pertes & toutes tes
maladies , & qui voyent ſi clairement,
& de ſi loin tous tes ennemis. Vigilance
miraculeuſe ! incomparable fidelité !
Qu'on aille non ſeulement en chaque
Prouince , mais en chaque ville , &
dans chaque for023tereſſe , l'on trouuera

que

que vous en sçauez tout ce qu'il en faut
sçauoir de particulier : tellement qu'à
bien examiner comme vous mettez ordre à toutes choses, l'on peut encor dire,
mais pour vne plus puissante raison,
que vous estes dans le corps de l'Estat,
comme l'Ame dans celuy qu'elle anime;
estant côme elle, tout en tout le corps, &
tout en chaque partie. Si Dieu remplit
tout le Monde en mesme temps, & se
trouue en vne place sans se retirer de
l'autre; certes nous pouuons dire, que
vous estes vne image tres-parfaite de
cette diuine Immensité: Ce grand Esprit ne se diuise point par parcelles, vous
le mettez tout entier dans chaque af-
faire, quoy que vous n'y mettiez pas
toute sa grandeur & toute sa force:
Cette grande Ame ne se retire pas
d'vne partie pour animer l'autre, vous

ne retirez pas vos soins d'vne Prouince , pour aller secourir celles qui se
plaignent ou qui vous implorent. Vous
faites plus : voicy bien vn autre sujet
d'estonnement, c'est qu'apres tãt de soins
& tant d'occupations si importantes,
que la moindre pourroit embaraßer
toute vne assemblée de Sages : Tout
le monde , dy-je , sçait qu'il n'est point
de iour que vous ne donniez du temps à
la lecture , & à la conuersation des
Sçauans : Que vous ne laißez rien des
exercices particuliers de la Pieté , &
que vous donnez encore beaucoup de
temps à la Deuotion , mais à vne Deuotion heroïque , qui consacre toutes vos actions & tous vos desseins,
tout ce que vous faites en suite se pouuant veritablement nommer vne Prie-
re & vn continuel Sacrifice. Il est vray

qu'autrefois on loüoit ces premiers Heros de Rome, de ce qu'apres de grandes conqueſtes, au retour des batailles, ils s'alloient repoſer dans la
culture des iardins & dans la vie
champeſtre. Mais vous ne prenez
pas vn repos ſi mecanique, vous vous
délaſſez plus vtilement & plus glo-
rieuſement, ſi toutefois c'eſt ſe delaſ-
ſer ou ſe diuertir, que de changer ſeulement ſes peines & ſes trauaux : puis
qu'à vray dire, s'il y a du changement
dans vos occupations, il y a rarement
quelque interualle: Glorieuſe façon de
ſe diuertir, où pour tout diuertiſſe-
ment, c'eſt aſſez que la pratique d'vne
Vertu ſuccede à celle de l'autre! Il eſt
vray, MONSEIGNEVR, que
vous n'auez pas trop de tout voſtre
temps, pour l'exercice de tant de bel-

les qualitez qui se presentent à la fou-
le , & qui semblent s'entre-desrober
l'esclat l'vne à l'autre. Ie suis contraint
en cet endroit de dire vne chose bien
hardie : c'est que les Vertus se peuuent
plaindre de ce qu'elles semblent confu-
ses dans le Tableau de vostre vie : quoy
qu'elles soient toutes visibles dans chaque trait de vostre Image , l'on n'en
sçauroit discerner vne en particulier,
sans estre esbloüy de l'esclat de l'autre:
Il est impossible de les remarquer , tant
leurs charmes sont agreablement con-
fus , & l'on peut à peine dire , voila
le visage de la Prudence , voila celuy
de la Generosité , voila celuy de la Tem-
perance , ou de la Iustice. Quelque effort qu'on fasse , l'on ne peut discerner
l'odeur particuliere de chaque fleur , a-
pres qu'on les a distillées ensemble , pour

composer

composer ce diuin parfum, & cette pre-
tieuse Essence: C'est comme vn concert
tout Celeste, où l'on ne peut reconnoistre
en particulier la voix des Graces, quoy
qu'on soit charmé de leur harmonie.
Mais non, MONSEIGNEVR,
nous en pouuons parler autrement: les
Vertus ne sçauroient se plaindre, quoy
qu'elles y soient toutes ensemble, c'est
auec vn ordre merueilleux. Si on y
prend bien garde, elles ont toutes leur
lustre separément; selon l'obiet & la fin
que vous vous proposez, il y en a tou-
jours vne plus eminente que les autres:
Elles commandent tour à tour, ayant
comme vn empire Aristocratique: elles
tiennent le Sceptre, & montent sur le
Trône les vnes apres les autres; ce sont
des Reines alternatiues. Voila le fond
& le tresor d'où vous tirez tant de mer-

H

ueilles : c'est cette source inespuisable,
d'où découlent de iour en iour de nouueaux desseins, & de nouuelles entreprises. Et qu'on ne s'estonne plus maintenant si tout ce que vous faites a des
beautez differentes, ayant vn si grand
nombre de vertus, & tant de qualitez
heroïques: les Filles ressemblent à leurs
Meres, & l'on remarque la mesme varieté dans vos actions, que dans les diuines habitudes qui les produisent.

Permettez, MONSEIGNEVR,
que ie touche maintenant le plus bel
endroit de vostre vie, & que i'arreste
ma pensée, où les autres, ce me semble,
ont passé trop legerement, descriuant
les merueilles que vous auez faites.
Ouy, MONSEIGNEVR, ie me van-
te de faire icy vne obseruation toute
particuliere, mais la plus importante,

& la plus glorieuse de toutes les autres.
Ie dy que ie ne trouue rien d'admirable
comme cette varieté de bien faire : Ie ne
voy rien de rare , comme cet art de faire
tout reüssir diuersement : côme cette diuine inuêtion de descendre aux dernieres
circonstances , & de gouuerner selon cette Prudence consommée , qu'ils appel-
lent experimentale. Que VOSTRE
EMINENCE me pardonne , si ie
dy encore vne fois que voicy le plus
grand miracle de vostre conduite , &
le plus grand sujet de mon admiration.
Vous esclatez dans vos productions ,
comme la Nature dans les siennes ; la
Nature , dy-ie , qui dans vne si grande
quantité d'effects , semble à peine en
faire deux pareils , & qui dans vn
nombre infiny de temperamens & de
visages , laisse tousiours quelques traits

ou quelques qualitez, qui ne souffrent iamais vne parfaite ressemblance. Vostre Conduite change comme les euenemens : vostre Prudence marche pas à pas apres la Fortune, suiuant les traces & les vestiges de cette inconstante, afin de changer comme elle, & de faire par art ce qu'elle fait par aueuglement. On ne voit rien de semblable en toutes vos actions que la Sagesse & la Prudence, c'est en quoy seulement elles sont égales : c'est là leur genre, mais il y a tousiours vne difference propre qui les determine : elles n'ont rien de commun que le raisonnement, ayant toutes des graces particulieres, & de diuers traits qui les distinguent. Voila ce qui vous esleue au dessus de tous les Ministres des Siecles passez, & qui vous rend inimitable à tous ceux qui seront ia-

mais

mais au monde. Vous trauaillez bien
autrement que les Anciens, qui se con-
tentoient de quelques maximes genera-
les; pour peu qu'on obseruast leur façon
d'agir, on la pouuoit reduire en regles:
Il n'estoit point besoin d'entrer auec eux
au Conseil, pour sçauoir tout le progrés
des affaires, c'estoit assez de sçauoir
quelques Liures Politiques: Mais
vous agissez selon les circonstances, &
changez comme elles de face & de visage à vos desseins. C'est l'estonnement
des Estrangers & de nos petits Politiques, qui trauaillent en vain à mesu-
rer vos actions par la coniecture; Il
n'y a point de sonde pour cét abysme,
& c'est inutilement qu'ils s'efforcent de
descouurir vos ressorts, & qu'ils se mes-
lent de faire des consequences. Leur
dessein pourroit reüssir pour d'autres

Ministres, qui n'auoient pas cette va-
riete & cette abondance, & qui ne pou-
uoient s'escarter de leurs maximes sans
s'égarer, & sans broüiller tout l'Estat:
leurs chemins sont marquez, mais vous
auez la gloire de faire les vostres. Comme les oiseaux se font des routes dans
l'air, vous vous en faites dans les affaires les plus difficiles. Vous vous éle-
uez au dessus des Labyrintes & des
Dedales, lors que les autres rampent
contre terre dans les chemins battus,
dans les destours, & qu'ils marchent
comme entre des destroits & des mu-
railles, s'attachant trop aux Coustu-
mes & aux Exemples. Vous auez la
facilité & la promptitude en partage,
ce sont tousiours de nouueaux desseins,
c'est vne eternelle varieté: mais auec
cette circonstance toute Diuine, c'est

qu'apres que cét Aigle a volé, les plus
clair-voyans le perdent de veuë, il n'y
a plus de routes visibles : Apres que ce
Vaisseau triomphant s'est fait des
voyes partout, comme dans vne Mer
liquide qui s'ouure & qui luy donne
passage, elle se referme aussi tost, sans
laisser de brisees ny de traces que les
autres puissent suiure. Et pour le tran-
cher plus court, apres que vous auez
esclairé le Monde aussi vniuerselle-
ment que le Soleil, vos chemins pourtant ne demeurent pas marquez com-
me les siens ; vostre ligne est plus cachée,
quoy qu'elle ne soit pas moins regulie-
re : Et nos petits Astrologues qui se mé-
lent de coniecturer les Saisons & les
Reuolutions de l'Estat, n'en peuuent
remporter que l'aueuglement & l'igno-
rance. Nos yeux ne penetrent point

iusques là : C'est vn secret que les plus
grands Genies ne peuuent comprendre,
& qui demeure entre le Prince & le
Ministre : vn nuage les enuironne tous
deux & les cache aux yeux du monde, durant ces importans Colloques.
Cependant que les Monarques comme les Dieux de la Terre entretien-
nent leurs Ministres, & qu'ils leur de-
clarent leurs volontez pour les plu-
blier aux hommes, ie sçay bien qu'il
est deffendu de les voir ny de les enten-
dre, lors qu'ils parlent ensemble sur la
Montagne : Montagne reseruée pour
leur secret, & d'où personne n'approche sans estre coupable de temerité. Ce
nous est assez, MONSEIGNEVR,
de receuoir de vous, s'il faut ainsi dire,
les Tables de la Loy : nous n'osons pas
mesme vous regarder, lors que vous
descen-

descendez de ce Diuin entretien, estant,
à vray dire, tout couuert de rayons &
de lumiere, au sortir de la conuersation
de vostre Maistre, tant il vous laisse de
caracteres de sa grandeur. Ie le veux
bien dire encor vne fois, que ie m'esloi-
gne tout tremblant de cette Montagne;
ces esclairs m'esblouïssent; ces tenebres
m'aueuglent ; ces tonnerres m'espou-
uantent. C'est assez pour nous d'auoir
cette pensée d'admiration & de respect,
sçachant bien qu'en cela il faut admi-
rer les ouurages des Grands comme
ceux de Dieu, i'entens sans en oser pe-
netrer tous les secrets, ny en descouurir
tous les mysteres. Ie me contente d'a-
uoüer, que comme iamais Monarque
ne se communiqua si priuément à son
Ministre, aussi iamais seruiteur ne fut
si fidelle pour les secrets de son Maistre:

K

Ce m'eſt aſſez de dire, que iamais perſonne n'a ſçeu comme vous, cét art d'agir
ſecrettement & diuerſement. Mais il
faut bien paſſer outre, il faut dire que
cette varieté d'agir eſtoit neceſſaire pour
l'Eſtat: Il ne falloit pas moins de remedes, où il y a tant de maladies. L'oſeray-ie dire? cela meſme eſtoit neceſſaire
pour voſtre gloire. Il ne falloit pas vn
moindre nombre de vertus, pour oppo-
ſer à tant d'Ennemis: ny moins de ma-
chines ou d'inuentions pour ſurmonter
tant d'obſtacles. Et qu'on ne me die
point, que les autres Siecles ont eſté pareils aux noſtre: non, non, il ſemble
que la France depuis quelques années,
ait eſté le Theatre des plus grãds ſuccés
du monde; mais des ſuccés les plus fre-
quents, les plus memorables, & les plus
illuſtres. Qu'on liſe toute l'Hiſtoire,

l'on trouuera que ce n'est rien à l'egal de
ce qui s'est fait durant ce Regne, où
nous voyons vn racourcy des plus belles
& des plus difficiles affaires de tout l'V-
niuers. Mais de quel nombre? Que de
guerres! que d'entreprises! que de Princes deffendus! que de rebellions appai-
sées? que de Confederez protegez? que
de places reduites! que de coniura-
tions descouuertes! que d'ingrats? que
de mescontens! que de libelles & d'im-
postures! Ie le diray hardiment, qu'il
semble que ce Siecle, comme celuy de
Hercule, deuoit estre le Siecle des Mon-
stres, afin de seruir de sujet à vostre
Vertu, & de matiere à vostre Gloire.

Et de vray, MONSEIGNEVR,
si ce n'eust esté vne Vertu heroïque, elle
se fust bien tost lassée parmy tant d'ob-
stacles: cette lumiere se fust bien tost é-

steinte, estant exposée à tant de vents
& de tempestes : Ce grand edifice ne
seroit pas si ferme, & cette solide stru-
cture ne seroit pas comme elle est, l'admiration de tous les peuples. La fortune n'a du pouuoir que sur ses ouurages. Mais ce n'est pas d'elle que vous
auez reçeu vostre pouuoir ; vous a-
uez monstré que la Sagesse sçait ietter de meilleurs fondemens, & qu'elle ne bastit que sur des Colomnes ine-
branlables. Elle sçait l'art de subsister,
& de resister à vn nombre infiny d'Ennemis qui luy font la guerre. Elle sçait
reparer ce que la Fortune luy fait de
mal. Mais que dy-ie? elle fait bien plus,
elle profite de la haine de son Ennemie,
& ne monstre point d'actions plus éclat-
tantes, que celles que cette Insolente luy
veut noircir. Vous me permettrez en-

cor icy

cor icy d'arrester ma pensée & ma plu-
me sur vne des plus grandes merueilles de vostre vie : Que ie fasse comme
ces Astres Stationaires , qui semblent
s'arrester en certains endroits du Ciel.
Ouy, MONSEIGNEVR, ie dy que
iamais personne n'a monstré vne force
& vne vigueur d'esprit, dans les dangers & dans les mal-heurs comme vous :
I'ose dire , qu'il n'y a point de maladies
qn'on ne puisse appeller heureuses , à
cause des remedes que vous y sçauez
apporter. Il n'arriue de ruines , ny de
débris que pour la gloire de cét excel-
lent Reparateur. Si vous rencontrez
quelquefois des Traitres ou des Ennemis , vous vous en seruez comme de
Serpens & de Viperes pour faire vos
Remedes : Au lieu de vous empoison-
ner , ils ne font rien que fournir la ma-

L

tiere à vos Antidotes. C'est ainsi que vous profitez de toutes sortes d'euene-mens ; vous en considerez la source, vous en examinez les effets ; & comme les Medecins n'ayant pû guerir vn malade, au moins font l'anatomie des Corps pour trouuer la vraye cause de la mort, foüillant dans les veines, & considerant toutes les arteres & tous les nerfs : Aussi lors que vous rencontrez des accidens irremediables, vous en faites comme l'anatomie par vne obseruation tres-exacte ; vous allez iusques dans les entrailles, vous examinez toutes les coniectures & tous les motifs, afin de vous en seruir à l'auenir pour dôner ordre aux affaires. Sçachant bien que les Ministres aussi bien que les Medecins, ont vn Corps pour obiect, i'entens celuy de l'Estat, qui est

sujet à de grandes maladies , & quelquefois bien cachées : & que les vns
& les autres pour guerir , doiuent a-
uoir egard que l'experience est perilleu-
se , à cause du prix de la matiere ; & le
iugement difficile , à cause de la quantité des circonstances. Sans doute , que
vous auez toufiours deuant les yeux
ce bel Aphorisme politique : C'est cette
diuine Dissection que vous faites si parfaitement des euenemens passez , pour
en profiter , & pour en tirer de l'auantage. Mais qu'on ne s'estonne point , si
vous sçauez si bien reparer tous les
mal-heurs : en voicy la raison. C'est,
MONSEIGNEVR, qu'ayant les vertus en vn degré heroïque , vous ne pou-
uez iamais succomber. Parce que vous
agissez , mais bien mieux que le Sage
Stoïque , par le principe de toutes les

vertus enfemble. Quand vne vertu pa-
roift vaincuë, l'autre prend fa place,
pour luy donner le temps de fe remet-
tre : elles fe tiennent toutes par la main
auffi bien comme les Graces, quand
on les poffede comme vous au fouue-
rain degré. Ces diuines Sœurs ne fe-
parent iamais leurs interefts, parce
qu'elles ne font ny fortes ny precieufes
que dans leur vnion & leur alliançe.
Ces vaillantes Amazones font tou-
jours victorieufes lors qu'elles batail-
lent toutes enfemble, & qu'elles viennent au fecours l'vne de l'autre ; fur
tout, quand la Magnanimité les con-
duit & les encourage comme leur Reine, leur communiquant vne grandeur
& vne excellence toute nouuelle, leur
donnant de nouueaux ornemens, aug-
mentant leur force & leur ardeur, &
les

les rendant inuincibles. Ainsi quand la
Douceur se voit offensée, la Seuerité
vient au secours : Si la Patience s'alte-
re ou se lasse, la Promptitude & la
Vigueur se presentent pour acheuer son
ouurage. Quand l'Ardeur ne peut
reüssir, la Perseuerance luy succede,
& fait auec le temps, ce que l'autre
ne peut faire par force & par violence. Nous auons bien veû des Ministres, qui auoient chacun quelque bon-
ne qualité : mais ils ressembloient à
ces forteresses qui ne sont imprenables
que par vn endroit, le reste estant foi-
ble & ne se pouuant deffendre. Nous
pouuons dire de vous ce que Pline a
dit de Trajan, que vostre vertu n'est
pas semblable à celle des autres hommes, laquelle estant entre l'excés &
le deffaut qui l'assiegent, approche

Nemo adhuc ex-
titit, cuius virtu-
tes nullo vitiorū
confinio læde-
rentur.

quelquefois de l'vn ou de l'autre, &
s'infecte par le voisinage de ces Ennemis. Ceux qui ont esté indulgens,
ont quelquefois esté lasches ; ceux qui
ont esté exacts, ont approché de la cru-
auté ; & ceux qui ont eu de la vigueur
& du courage, ont quelquefois man-
qué de iugement. Il ne s'en trouue point
qui ayent eu tant de belles qualitez,
& dans vn degré si parfait ; il ne s'en
trouue point, qui ayent comme vous
tant de douceur & de maiesté tout ensemble ; tant de iugement, & de vigueur ; tant de promptitude, & de
patience ; tant d'adresse, & de since-
rité ; tant de puissance, & de mode-
stie. Aussi n'y a-t'il personne qui ait comme VOSTRE EMINENCE, ce di-
uin assemblage des Vertus, pour se
maintenir contre toutes sortes d'as-

ſauts , & pour ſe rendre inexpugna-
ble. Il ne faut donc pas trouuer eſtran-
ge , ſi quand il arriue quelques mal-
heurs à l'Eſtat , ces mal-heurs ne ſer-
uent qu'à rehauſſer voſtre gloire. Si
vous entrez dans quelque labyrinte ,
ce n'eſt que comme Theſée , pour y
tuer des Minautaures , & pour y dé-
faire quelque Monſtre : Auec la conduite de la Sageſſe , vous démeſlez
tous les embarras , bien plus certaine-
ment qu'auec le fil d'Ariadne. Il ſemble que les vents & les orages , ne ſer-
uent qu'à vous pouſſer plus viſte au
port : & que la Mer ne s'enfle iamais
& ne groſſiſſe , que pour eſleuer voſtre Nef plus proche du Ciel. Voila
comme la Fortune s'eſtant efforcée de
noircir quelque belle action dans le
Tableau de voſtre gloire , elle n'y a fait

que ietter des ombres, pour releuer
l'esclat des couleurs, & y donner plus
de lustre. Ne craignons point de dire
du grand RICHELIEV, ce qu'on di-
soit de Menelaüs : Quoy que Pallas
aimast ce Prince, & qu'elle ne le perdit
point de veuë dans les batailles, cependant elle le laissoit blesser quelquefois,
afin de luy conseruer & la vie & la
gloire tout ensemble : Aussi nous pouuons dire, que la Sagesse qui a tou-
jours eu soin de vostre honneur & de
vostre vie, dans les rencontres les plus
perilleuses, vous couurant elle mesme
comme vne autre Pallas auec son Bou-
clier tout plein d'yeux & de lumiere,
vous a pourtant laissé blesser à la Fortune ; mais ce n'a esté que pour monstrer vostre constance, auec la rage &
la haine de cette Aueugle. Ce sont de
belles

belles cicatrices, que vous portez comme les Conquerans, pour l'ornement
de vos victoires, & pour la honte des
Ennemis de l'Estat. Nous pouuons dire, que Pallas & Iunon, i'entens la
Sageſſe & la Fortune, ſe ſont fait la
guerre pour l'amour de vous, comme
pour l'Hercule de noſtre Siecle : l'vne
trauaillant à vous perdre, & l'autre
à vous faire ſubſiſter & à vous deffendre. Venons à l'experience : appro-
chons nous de plus pres, pour bien voir
comme il n'y a pas vne de vos belles A-
ctions, dont la Fortune n'ait voulu oſter
le luſtre. Ouy, MONSEIGNEVR,
ie voy par tout que cette enuieuſe de
voſtre gloire vous a fait la guerre : vous
n'auez point paſſé de Mers, où elle
n'ait excité des tempeſtes & des orages,
elle a fait deſborder les riuieres, elle a

fait defregler les faifons, elle a bouché les paffages : que diray-ie de plus ? elle a fait de nouueaux dangers pour vous, elle a fait de nouueaux Monftres. Voila les marques de fa haine, lors qu'elle s'eft declarée voftre Ennemie. Il eft temps de venir à fes plus fubtils attentats, & de voir fon poifon le plus mortel, & le plus caché : Il la faut voir déguisée, & fous le vifage d'vne Syrene, apres l'auoir veuë fous celuy d'vne Furie. Vous ayant fait la guerre à defcouuert, & ne pouuant pas vous rauir toute voftre Gloire, au moins elle s'eft efforcée en plufieurs rencontres d'y a-uoir part : elle a fait femblant d'eftre de voftre cofté, & de ne vouloir eftre inuincible qu'auec vous, ny glorieufe que dans vos Triomphes : faifant à vray-dire, comme cette fauffe Mere

qui se glissa dans le lict de la Mere legitime , pour demander vn enfant
qu'elle n'auoit point fait ; iusques à
cette effronterie , d'en demander la di-
uision , ne le pouuant obtenir entier.
I'entens que la Fortune a osé pretendre quelque part, à l'honneur qui n'ap-
partient legitimement qu'à vostre Sagesse : cette aueugle & cette insolente
taschant de rauir vostre gloire , ou au
moins de la partager , quoy qu'elle ne
luy appartienne point , & que ce soit
vne veritable production de la Vertu.
Mais les Sages iugeront tousiours à
l'auantage de la Mere legitime : la fortune est confuse dans ses iniustes pre-
tensions : C'est la voix publique de vos
Ennemis mesmes , qui sont enfin con-
uaincus à la veuë de tant de merueilles. Si peut-estre ils vous denient leur

affection, ils ne sçauroient vous dénier
leur estime : s'ils ne sont vos amis, mal-
gré eux ils sont vos approbateurs. Ce
sont Demons, que vous forcez de croi-
re. Leur propre experience les con-
uainc, & leur iugement est pour vous,
si leur volonté vous est contraire. Personne ne peut plus nier cette verité. Il
est vray qu'autrefois l'Enuie a voulu
obscurcir vos belles actions, mais cette fumée s'est dissipée, & par les mesmes feux qui l'ont fait naistre ; sur
tout, depuis que les flammes ont esté
entierement allumées, à la veuë de tout
le monde. Ce Soleil estant à son midy,
a dissipé les vapeurs, qu'il auoit exci-
tées en montant sur l'Horison. Ce
n'est pas pourtant que de iour en iour,
la reuerberation de cette grande Lumiere, n'offence les yeux des meschans:
mais

mais ce n'eſt plus enuie, c'eſt fureur, c'eſt rage, c'eſt deſeſpoir. Cette lumiere maintenant eſtant au plus haut point & battant à plomb, ne fait plus d'ombre ; mais elle eſbloüit, mais elle fait mal à la teſte des Ennemis de l'Eſtat. Ouy, MONSEIGNEVR, c'eſt vne Verité dont tout le monde eſt d'accord : & i'auoüe franchement que ie croirois trahir voſtre gloire, ſi i'en parlois comme vn Orateur de celle de Theodoſe, luy mettant vne Couronne ſur la teſte, que la Fortune tenoit d'vne main, & la Vertu de l'autre, comme s'il auoüoit que toutes deux le couronnoient enſemble, & contribuoient également à ſes Triomphes. En dire autant de vous, MONSEIGNEVR, ce n'eſt pas vne loüange, mais vn ſacrilege : c'eſt vne ingratitude,

Cur non accipiamus vtriuſque partis aſſerta? *Pacat.*

O

c'est vn menſonge, c'eſt vn blaſpheme. Non, non, vous ne deuez rien à cette Aueugle. Vous n'auez garde de recon-noitre ſa puiſſance, comme ce Seruius Tullius qui luy bâtit tant de Temples dans Rome, ayant reçeu d'elle la Cou-ronne & le Diadéme. Mais que dy-ie? vous eſtes meſme bien loin de fai-re comme Ceſar, qui n'attribua que la moitié de ſa grandeur à la Ver-tu, & qui reconnut en pluſieurs ren-contres, qu'il deuoit quelque partie de ſa gloire à la Fortune. Apres le ſecours de la Sageſſe Eternelle, ſi vous auez à reconnoitre quelque autre cau-ſe de vos belles actions, ſans doute que vous ne deuez bâtir des Temples qu'à la Raiſon & à la Prudence, comme Æmilius Scaurus; ny dreſſer des Au-tels qu'à la Vertu, comme Marcellus.

Mais defcendons encore à des circonftances plus particulieres. Donnons
ce contentement à vos plus grands Ennemis , qui ne peuuent eftré que les
Ennemis de l'Eftat : donnons cette liberté aux plus grands Calomniateurs:
Qu'il leur foit permis d'examiner toute voftre vie ; Ie leur prefente cette
grande Hiftoire , qu'ils efpluchent les
motifs , & toutes les circonftances plus
particulieres de vos actions. Apres
tout , nous pourrons dire aux Ennemis du grand RICHELIEV , ce que
Plutarque difoit aux ennemis d'Alexandre , lors qu'ils luy reprochoient
que toute fa grandeur n'eftoit qu'vn
ouurage de la Fortune. Et bien , di-
foit-il , contez feulement les bleffures
qu'il a reçeuës dans les combats ; regardez toutes fes cicatrices , & puis

O ij

dites encor que ce sont là les faueurs
qu'Alexandre a reçeuës de la Fortune. Certes, MONSEIGNEVR,
nous auons bien sujet d'en dire autant
de vous; qu'on regarde bien vostre vie
de tous costez, elle est toute couuerte
des blessures de la Fortune; l'on y voit
par tout les marques de ses attentats
& de sa haine. Il est bien vray, qu'elle a fait la guerre à tous les grands
Personnages, & qu'elle a trauersé leurs
desseins : mais l'on peut dire qu'elle
s'est opiniastrée contre vous, comme
contre les Heros de l'Antiquité. Elle
s'est efforcée d'appesantir vostre far-
deau : Elle s'est mise sur vostre charge,
comme Iunon se mit sur le Globe qu'
Hercule soustenoit. Et toute enragée de
vostre constance, elle se plaint que vous
estes l'vnique au monde, qui sçauez

porter

Immota ceruix
sydera & Cælum
tulit, & me pre-
mentem. Senec.
in Hercule.

porter tout le poids des grandes affaires , auec toute la pefanteur de la mau-
uaife fortune. Quoy ? que diront encor
ces enuieux , ces ingrats , ces blafphe-
mateurs ? i'appelle ainfi les ennemis de
l'Eftat , qui font les ennemis de voftre
gloire. Quoy ? où eft ce bon-heur ? man-
quez vous d'obftacles , ou de difficul-
tez ? Mais vous en venez à bout. Et
quoy ? ne voit-on pas que c'eft par le
moyen de la Prudence & de la Vertu ? Eft-ce fans foin , fans inuention,
fans peine , ou fans art ? Eft-ce la Fortune qui a chaffé les Anglois , qui a
fecouru Cafal , qui a pris la Rochelle,
Nancy , Arras , & qui a fait tant d'autres merueilles ? Quoy ? que leur refte-
t'il à dire ? que peuuent-ils inuenter de
nouueau ? n'eft-ce pas la Fortune qui
vous a rendu eloquent , courageux , li-

beral, preuoyant, & magnanime ; & qui vous a comblé de tant d'autres qualitez heroïques ? Que diront ces Profanes ? N'est-ce point enfin la Fortune qui vous a donné la Sagesse, & qui vous a fait present de la plus grande Ennemie qu'elle ait au monde?

Que ie me taise en cet endroit, & que toutes les Vertus viennent deffendre leur cause auec la vostre : Qu'elles crient tout haut comme autrefois pour vn Empereur, que ce n'est pas la Fortune qui leur a donné l'esclat, mais qu'elles donnent la subsistance à vostre fortune. C'est la Sagesse qui luy oste ses aisles ; & si cette Aueugle estoit capable de suiure vn Guide, il faut auoüer que iamais elle n'en a trouué de plus clair-voyant. Que diray-ie de plus ? I'ay beau regarder de tous costez toutes vos

actions & toutes vos entreprises, ie ne
voy point la Fortune dans vos victoires : ou bien si elle s'y trouue, elle
est attachée comme vne Esclaue au
Char de vostre Triomphe, cependant
qu'elle méne auec empire celuy des autres. Cette verité n'est que trop connuë:
Ie ne m'arresteray point dauantage à
monstrer, comme la Fortune vous a fait
la guerre en toutes façons. Il ne reste
plus que d'en descouurir la cause. C'est
que vous estes vn de ses plus grands
ennemis: c'est qu'il n'y a rien de si contraire à la Sagesse que la Fortune. Il
ne faut point s'estonner de cette haine;
elle vous veut rendre la pareille : elle
vous veut chasser de la Cour, à cause
que vous l'en auez chassée. C'est que
iamais elle ne fut si long temps exilée
de France, ny tellement méprisée en

vn païs où elle auoit accoustumé de regner. Que si l'on a dit pour la gloire
de Rome, que la Fortune quitta tous
les autres païs du monde, pour venir
sur le mont Palatin, où elle laissa ses
aisles & son globe : Disons tout le contraire pour la gloire de la France,
qu'elle en a esté chassée pour y faire regner la Sagesse, qui semble auoir quit-
té toutes les autres nations de la Terre, pour venir habiter parmy nous, &
y faire ses merueilles. Voila le sujet de
sa rage & de vostre gloire : Ie ne me
lasseray iamais de le dire, c'est que vostre subsistance n'est fondée que sur la
ruine de la sienne : C'est que vous auez
estably la fermeté dans vn lieu, où cette Inconstante auoit accoustumé de se
ioüer, & où elle causoit tant de nau-
frages. Voila tout le mystere & tout le
sujet

ſujet de vos longues proſperitez ; voila tout le ſecret , que tant de curieux
veulent ſçauoir. Qu'on ne demande
donc plus à l'auenir , comment il eſt
eſt poſſible que vous demeuriez ſi ferme, ſur vne Mer où il y a tant d'écueils,
tant de monſtres & de tempeſtes , où ſi
peu de Pilotes peuuent voguer heu-
reuſement. Voicy la cauſe de cette na-
uigation triomphante : voicy ce qui attache ſi fortement ces Ancres bien-heu-
reuſes au fond d'vne Mer, où tant d'autres n'ont trouué que du ſable mou-
uant. C'eſt que comme vn ſçauant Pi-
lote , vous ne regardez que le Pole , &
ne vous reglez que par la lumiere. Autrefois les Nochers ne voguoient qu'à
l'aſpect de quelques montagnes , mais
ſouuent ils ſe trompoient ; il ne falloit
qu'vn nuage pour leur oſter la veuë de

leurs Caps &·de leurs Promontoires;
I'entens qu'aux siecles passez, l'inten-
tion des Ministres n'estoit pas si pure,
ils ne regardoient que la Terre , &
quelques grandeurs mondaines leur
seruoient d'Astres & de guides :
cependant que vous ne regardez
que le Ciel , n'ayant que l'honneur
du Prince , & le bien public deuant
les yeux. C'est l'Estoille fixe qui vous
sert de regle : c'est vostre Tramontane
& vostre Pole. C'est qu'enfin pour l'exprimer en moins de paroles , vous n'a-
uez , comme Plutarque le dit d'Alexandre , que le dessein d'vn Sage &
d'vn parfait Philosophe. Ou pour vous
donner des loüanges encor plus Chre-
stiennes , c'est que vous auez vne Sagesse du ciel , & non pas vne Sagesse
corrompuë , ou vne Prudence reprou-

uée que Dieu menaſſe de perdre. Non,
MONSEIGNEVR, voſtre prudence
n'eſt point vne prudence ſeparée de la
probité ; ce n'eſt point vne prudence
inhumaine : Comme voſtre conduite
empeſche les meſchans de vous pouuoir
faire du mal, voſtre bonté empeſche les
bonneſtes gens de vous en vouloir. Iamais on n'a veû de meilleur naturel,
iamais plus de tendreſſe pour les ſiens
& pour les gens de bien ; iamais plus
d'inclination à bien faire. Que vous a-
uez de peine à vſer de ſeuerité! Com-
bien de fois vous a-t'on veû entrer dans
des villes rebelles, comme dans des Hoſ-
pitaux : pour y voir des malades, plu-
toſt que pour y condamner des crimi-
nels : comme vn Medecin pitoyable,
& non pas comme vn ſeuere Iuge! Et
qui eſt ſi Eſtranger, qui ne ſçache que

vous auez bien plus d'inclination, à re-
tenir nos esprits par les bien-faits, que
par les supplices ?

C'est où i'arreste toutes mes pensées,
ne me pouuant iamais lasser d'admi-
rer cette douceur & cette bonté. Ie ne
dy rien que tout le monde ne sçache &
n'experimente. Mais il faut encor pas-
ser plus auant, il faut auoüer que
quand nous n'aurions pas l'experience
& les effects, & que vostre inclination
à bien faire seroit impuissante, vostre
seul visage tesmoigne vos bons desseins:
Ouy, cette diuine Physionomie char-
me tout le monde, & ie ne craindray
point de dire que la Sagesse en auoit
besoin pour rendre ses attraits plus
visibles, aussi bien que de vostre esprit
pour rendre ses entreprises plus redou-
tables. Elle auoit besoin de l'vn pour

se

se rendre plus puissante, & de l'autre
pour se rendre plus aymable. Ouy,
MONSEIGNEVR, cet Auguste
visage a quelque effort, & donne quelques attaintes à vos plus grands Ennemis, & aux plus barbares: on se
sent surpris en vous regardant, par
des mouuemens de ioye & d'admiration tout ensemble; & vous dérobez
de ces approbations muettes, mais si
subites & veritables, qu'elles n'ont pas
le temps de feindre. Que cette diuine
Physionomie est veritable! qu'elle se
fait bien connoistre par les effets! Et
qui ne sçait, que vos graces & vos faueurs se respandent sur nous, aussi
generalement que le iour & la lumiere? Iamais liberalité eut-elle des circonstances plusgenereuses! Que de ioye
tesmoignez vous, ayant l'occasion d'o-

Cuius lætissima
facies & amabi-
lis vultus, in om-
nium hominum
ore, oculis, ani-
mo sedet. Pl.
Traiano.

R

bliger : mais vne ioye qui est touſiours accompagnée de quelque honte, pour ſoulager celle des pauures & des malheureux ; & pour teſmoigner que vous auez compaſſion de leur miſere, quoy que vous ſoyez bien aiſe de la ſecourir. Rare modeſtie en ceux qui donnent ! quand vous faites des profuſions aux honneſtes gens, vous dites, mais bien de meilleure grace que l'Empereur Gratian, que vous vous acquittez de vos debtes. Que ſi quelquefois l'ordre des choſes retarde vos bien-faits, cela vous donne plus d'impatience qu'à ceux meſme qui les eſperent ; & ſi vous en faites attendre quelques vns, c'eſt afin de rendre leur felicité plus longue, ſçachant bien qu'ils attendent long temps auec plaiſir, ce qu'ils attendent auec repos & certitude. Et ſans flater, l'on

doit estre si assuré de sa recompence en
vous seruant, si peu qu'on aye d'experience, que ceux qui approchent de
vous, ne trouuent guere plus de certitude en leur possession, qu'en leur espe-
rance. Ceux qui ne pensoient plus en
vous, reçoiuent les effets de vostre sou-
uenir; quelque esloignez qu'ils soient
de vostre personne, ils ne le sont iamais
de vostre memoire; & il semble que
vous en ayez vne artificielle, pour vous
ressouuenir de tous ceux qui vous ont
rendu quelque seruice.

Mais c'est encore trop peu, pour bien
voir cette vertu dans tout son esclat, il
la faut voir dans sa source : il faut e-
xaminer la cause de cette liberalité &
de ces bien-faits. Quoy donc? n'est-ce
que pour estre loüé seulement? n'est-ce
que par artifice, ou par consideration?

Non certes, vous auez bien·des mo-tifs plus releuez, & des desseins plus nobles & plus heroïques. Ie le diray donc hardiment, c'est pour vous faire des Amis: Et comme vous sçauez, que les Grands n'ont point de meilleur mo-yen de tesmoigner leur amitié, que par leurs bien-faits, c'est ainsi que vous faites paroistre la vostre, afin de ga-gner celle des autres. Merueille estran-ge! prodigieuse bonté! Auoir vne pas-sion si ardante pour ses amis: mais en quelle charge! mais en quelle Cour! mais en quel Siecle! Et qui iamais a pensé dans vne telle fortune, que le soin de l'amitié, fust vn soin digne des Grands & des Princes? Au contraire, ne croit-on pas que c'est vne vertu bas-se, & indigne des Palais & de la Pour-pre? Mais ce n'est pas vostre sentiment,

vous

vous n'estes pas comme ce Cleon , qui fit assembler tous ses amis , auant que de s'entremettre des affaires , & protesta publiquement qu'il renonçoit à l'Amitié , comme à vne passion qui pouuoit amollir les cœurs & les corrompre. Non , non , vous n'estes pas comme cet Athenien , qui croyoit que la Iustice & l'Amitié fussent incompatibles , & qui les vouloit separer comme deux grandes Ennemies : qui pensoit qu'on ne pouuoit estre sage sans estre insensible , ny bon Politique & bon amy tout ensemble. Vous ne vous proposez pas vne Politique si barbare. Et vous tesmoignez assez dans vos actions , que si l'Amitié regnoit dans le monde , la Iustice y seroit superfluë. Vous ne faites craindre , que ceux qui sont incapables d'aymer : sçachant bien

que la plus grande seuerité des Loix
ne seroit pas suffisante, s'il n'y auoit
quelques restes d'amitié pour l'entretien du commerce. C'est là le fonde-
ment de la vie & de la Morale. C'est
le vray ciment de la Societé : c'est la Politique des grands Esprits, & des A-
mes genereuses. C'est elle aussi que vous
aymez comme la plus conuenable à
vostre humeur, comme la plus raiso-
nable, la plus paisible, la plus glorieuse, & la plus certaine. Vous n'aspirez
à rien plus qu'à vous faire autant d'A-
mis, que vous auez d'hommes souz
vostre puissance : n'employant les supplices que quand les bien-faits sont in-
utiles, & ne vous seruant de la rigueur
que quand la douceur est mesprisée.
C'est ainsi qu'il falloit agir pour vostre
honneur, aussi bien que pour l'vtilité

publique : Il falloit que ce grand Esprit, fust accompagné de cette grande
Bonté : C'est ainsi qu'il falloit vnir la
Sagesse actiue & la speculatiue ensemble. Comme vostre Vigilance vous rend
present par tout, il falloit que vostre
Liberalité eust le mesme auantage : Il
vous falloit autant d'yeux pour voir
le merite des honnestes gens, comme
pour descouurir la malice des factieux
& des rebelles : Il vous falloit autant
de mains, pour deffendre & pour obli-
ger la Vertu, comme pour terrasser le
Vice. La varieté de vos bien-faits, est
aussi belle que celle de vos Conquestes:
Ouy certes, l'vne ne vous est pas moins
glorieuse que l'autre ; ayant, comme
vous auez, la mesme diuersité de mo-
yens & d'inuentions pour gagner les
cœurs, que pour vaincre les Ennemis.

de la Religion & de l'Estat. Il falloit enfin, que cette inclination à bien faire fust iointe à cét incomparable Genie, pour former ce parfait Modelle des Sages, & pour laisser à la Posterité ce diuin Exemplaire des Politiques.

T

des prefentes, elles foient tenuës pour deuëment fignifiées, & que
foy y foit adiouftée , & aux copies d'icelles; collationnées par l'vn
de nos amez & feaux Confeillers & Secretaires , comme à l'Ori-
ginal. MANDONS au premier noftre Huiffier ou Sergent fur
ce requis ; faire pour l'execution des prefentes tous Exploits requis & neceffaires , fans demander autre permiffion ; CAR tel eft
noftre plaifir , nonobftant oppofitions ou appellations quelcon-
ques , & fans preiudice d'icelles ; pour lefquelles ne voulons
qu'il foit differé, Clameur de Haro, Chartre Normande, prife à
partie , & autres Lettres à ce contraires. DONNE' à Paris le
ving-cinquiefme iour de Septembre, l'an de Grace mil fix cens
quarante. Et de noftre Regne le trente-vniefme.

Par le Roy en fon Confeil.

Signé, CONRART.

PAge 5. conſcientiæ ſuæ , liſez conſcientiæ tuæ.
Page 6. au voſtre , liſez au noſtre.
Page 23 zelé pour les affaires, liſez zelé pour le bien public.
Page 26. donuiez, liſez donniez.
Page 33 aue ceux, liſez auec eux.
Page 39. mais de quel nombre , liſez mais en quel nombre.
Page 39. de Hercule , liſez d'Hercule.
Page 40. ſi pas ferme, liſez pas ſi ferme.
Page 62. que vous regardez, liſez qui vous ſert de regle.

www.ingramcontent.com/pod-product-compliance
Lightning Source LLC
Chambersburg PA
CBHW071345030726
47594CB00002B/767